Investigar el electromagnetismo

Elizabeth R. C. Cregan, MDE

Créditos de publicación
Rachelle Cracchiolo, M.S.Ed., *Editora comercial*
Emily R. Smith, M.A.Ed., *Vicepresidenta superior de desarrollo de contenido*
Véronique Bos, *Vicepresidenta de desarrollo creativo*
Dona Herweck Rice, *Gerenta general de contenido*
Caroline Gasca, M.S.Ed., *Gerenta general de contenido*

Autores colaboradores en ciencias
Sally Ride Science

Asesores en ciencias
Michael E. Kopecky, *Director del departamento de ciencias*, Bachillerato Chino Hills
Jane Weir, Magíster en física

5482 Argosy Avenue
Huntington Beach, CA 92649
www.tcmpub.com
ISBN 979-8-7659-6055-4
© 2024 Teacher Created Materials, Inc.
Printed by: 51497
Printed in: China

Se prohíbe la reproducción y la distribución de este libro por cualquier medio sin autorización escrita de la editorial.

Tabla de contenido

La fuerza electromagnética 4

Átomos en acción 6

La electricidad 8

El magnetismo 10

Líneas de fuerza invisibles 14

Los generadores hacen que la electricidad fluya 16

Amperios, voltios y vatios 18

Corriente directa y alterna 20

Energía para las comunicaciones 22

Hacia el futuro 26

Apéndices 28

    Laboratorio: crea un electroimán 28

    Glosario 30

    Índice 31

    Sally Ride Science 32

    Créditos de imágenes 32

La fuerza electromagnética

Quizá no lo sepas, pero usas **electroimanes** muchas veces al día. Están en todas partes. Producen la **electricidad** que se usa en las casas. El **magnetismo** se utiliza para almacenar información en las computadoras. Los electroimanes permiten que las imágenes lleguen a la pantalla de los televisores. En casi todo lo que hacemos, intervienen los electroimanes. Sin ellos, el mundo sería muy diferente.

El **electromagnetismo** es una fuerza poderosa. Es la energía de la electricidad combinada con la del magnetismo.

¿De dónde viene?

La calamita era muy común en Magnesia. La palabra *magnetismo*, que es la propiedad de los **imanes**, tiene su origen en esta región de Grecia.

un pedazo de magnetita, también llamada calamita

Las personas siempre han sentido curiosidad por la electricidad y el magnetismo. Los antiguos griegos y chinos observaron el magnetismo en un mineral llamado **calamita**. La calamita atrae pequeños pedazos de hierro.

En 1752, Benjamin Franklin escribió un trabajo sobre qué ocurriría en un experimento en el que alguien remontara una cometa durante una tormenta. No hay pruebas de que él lo haya intentado. Otras personas lo hicieron, ¡y la mayoría se electrocutó!

◄ En este dibujo, el ilustrador imagina a Benjamin Franklin experimentando con la electricidad durante una tormenta.

Átomos en acción

¿Cómo funciona el electromagnetismo? La historia comienza con el componente básico de la naturaleza: el **átomo**.

Todo lo que hay en la naturaleza está hecho de materia. La materia está hecha de pequeñas partículas llamadas átomos.

En el centro del átomo, se encuentra un **núcleo**. Dentro del núcleo, hay partículas diminutas llamadas **protones** y **neutrones**. Los protones tienen carga eléctrica positiva. Los neutrones no tienen carga.

Alrededor del núcleo, giran nubes de unas partículas muy pequeñas llamadas **electrones**. Los electrones tienen carga negativa.

Cada átomo tiene la misma cantidad de electrones que de protones. La atracción entre estas cargas opuestas es lo que hace que el átomo se mantenga unido.

En algunos átomos, los electrones pueden soltarse y unirse a otro átomo. Cuando esos electrones saltan de un átomo a otro, se produce una carga eléctrica. La electricidad es la energía generada por el movimiento de los electrones.

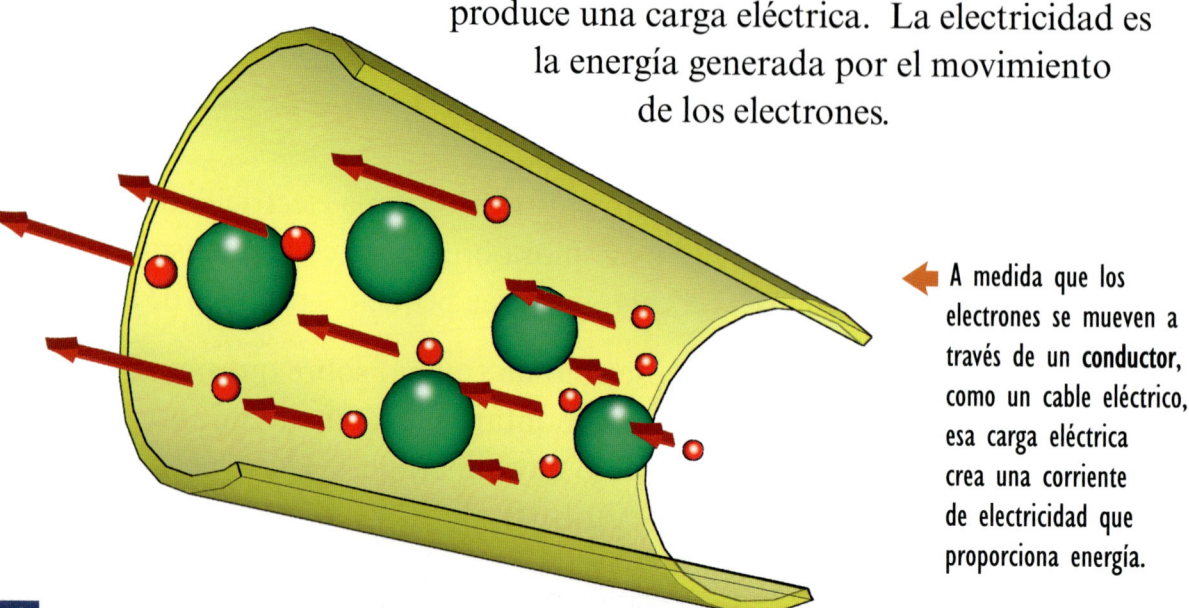

← A medida que los electrones se mueven a través de un **conductor**, como un cable eléctrico, esa carga eléctrica crea una corriente de electricidad que proporciona energía.

El campo electromagnético de un átomo

Cada electrón de un átomo gira alrededor del núcleo. Esto crea un campo electromagnético débil. Un **campo** es una región donde actúa una fuerza.

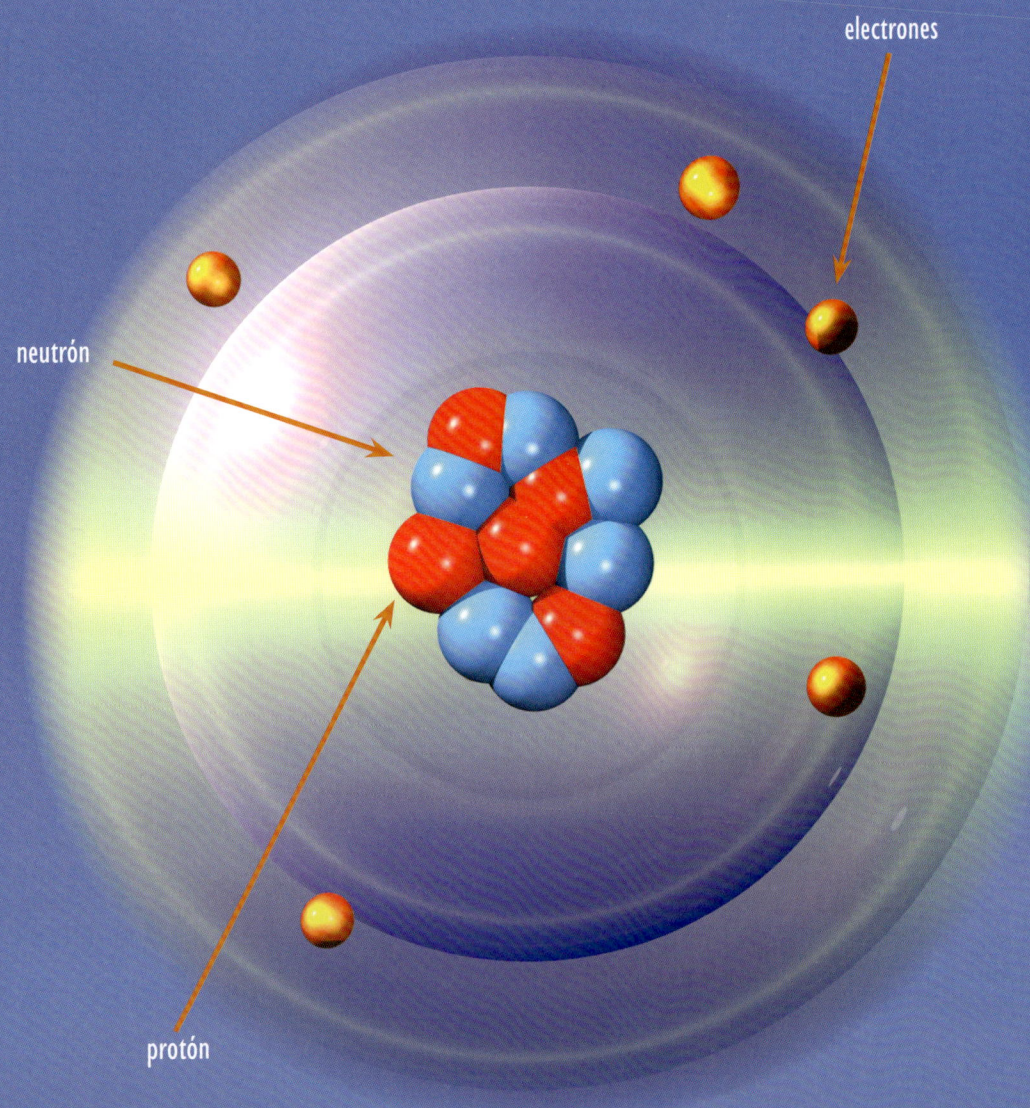

La electricidad

Analicemos la electricidad en más detalle. Hay dos tipos de electricidad: la **electricidad estática** y la **corriente eléctrica**.

Frota los pies contra una alfombra. Luego, tócale la mano a un amigo. Tal vez sientan un cosquilleo. Eso en realidad es una pequeñísima descarga de electricidad estática.

Hasta que puede fluir, la electricidad está en reposo. Ese reposo se llama estática. Cuando frotas los pies contra una alfombra, transfieres electrones de una superficie a la otra. Entonces, una de las superficies queda con carga positiva y la otra, con carga negativa. Esta diferencia entre las cargas se llama "diferencia de potencial". Al tocar la mano de tu amigo, la descarga que sienten son los electrones moviéndose de una mano a la otra. Así se equilibra la diferencia de potencial y las dos superficies vuelven a estar neutras.

Una corriente eléctrica es el flujo de electrones de un lugar a otro. Para que la corriente fluya, debe haber un **circuito** eléctrico. Un circuito eléctrico es un bucle cerrado de material conductor a través del cual puede fluir la electricidad.

¿Lo sabías?

En el siglo XIX, a los enamorados les gustaba darse "besos eléctricos". Frotaban los pies contra una alfombra y luego se besaban. El beso incluía una pequeña descarga de electricidad estática.

El magnetismo

Ahora, analicemos el magnetismo en más detalle. El magnetismo crea una fuerza invisible que solo afecta a algunas cosas. El hierro es una de ellas. Las fuerzas magnéticas pueden hacer que un trozo de hierro se mueva sin que nada lo toque.

De todas formas, el magnetismo solo llega hasta cierto punto. El alcance de un imán es su **campo magnético**. Las fuerzas magnéticas se pueden sentir dentro de ese campo, pero no fuera de él. Un campo magnético se compone de líneas de fuerza invisibles. Las líneas van desde un extremo del imán hasta el otro. Los extremos se llaman polo sur y polo norte.

Si colocas el polo norte de un imán junto al polo sur de otro imán, sucede algo interesante. Los campos magnéticos invisibles jalan uno del otro. Los imanes se atraen. Esto quiere decir que se acercan hasta unirse.

Si colocas el polo norte de un imán junto al polo norte de otro imán, se repelen. Esto quiere decir que se separan. Los campos magnéticos se empujan uno al otro.

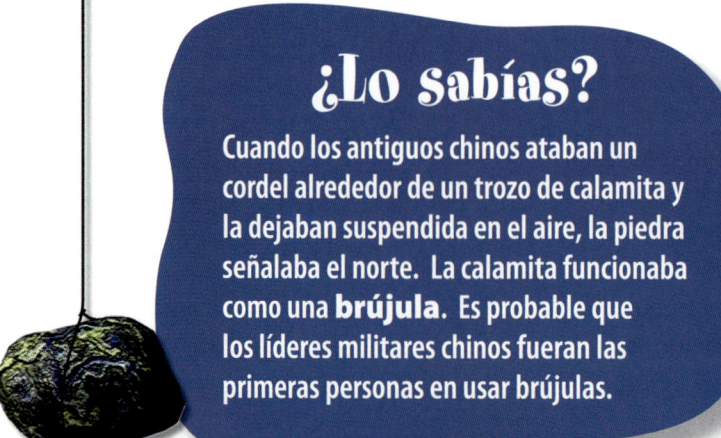

¿Lo sabías?

Cuando los antiguos chinos ataban un cordel alrededor de un trozo de calamita y la dejaban suspendida en el aire, la piedra señalaba el norte. La calamita funcionaba como una **brújula**. Es probable que los líderes militares chinos fueran las primeras personas en usar brújulas.

⬇ Los campos magnéticos de estos dos imanes pueden verse en las limaduras de hierro que hay a su alrededor. Las limaduras siguen las líneas de fuerza.

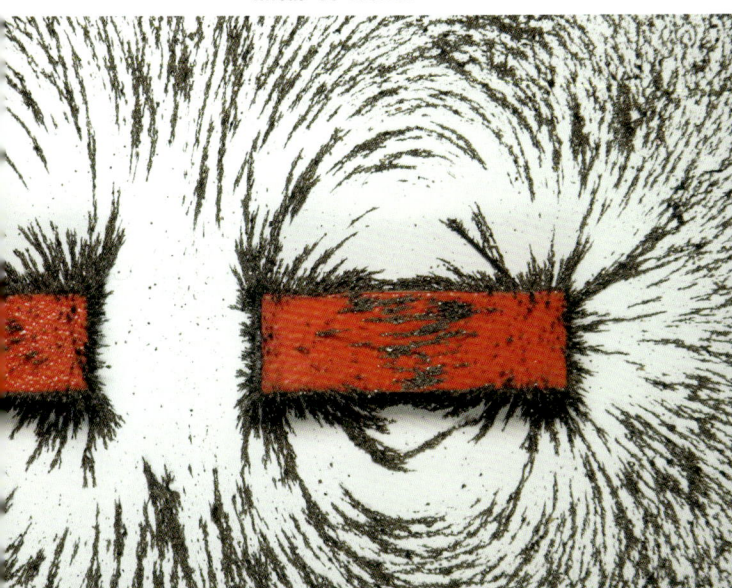

Examínalo en detalle

El polo norte y el polo sur de la Tierra atraen al polo norte y al polo sur de los imanes. Así funcionan las brújulas. El campo magnético de la Tierra hace que el planeta actúe como si una barra imantada gigante lo atravesara por el medio. En realidad, el polo norte de la Tierra se comporta como el polo sur de un imán. En otras palabras, atrae al polo norte de una barra imantada.

Ideas importantes sobre los imanes

- Las líneas de un campo magnético van de norte a sur.

- La fuerza magnética es más fuerte en los extremos de un imán.

- La fuerza magnética es más fuerte cuanto más cerca se está de un imán.

- Si se corta un imán por la mitad, cada parte se convierte en un imán con un polo norte y un polo sur.

Los primeros imanes que conoció la humanidad fueron imanes naturales, como la calamita. Luego, los científicos empezaron a preguntarse si también podrían crear imanes artificiales. Algo artificial es algo creado por las personas.

En 1820, un científico encontró una forma de lograrlo. En una fiesta, Hans Oersted puso una brújula cerca de una corriente eléctrica. Observó que la aguja de la brújula se movía. La corriente eléctrica había creado un campo magnético. Oersted siguió investigando. Descubrió que las corrientes eléctricas tienen campos magnéticos alrededor del alambre.

Así se demostró que hay una fuerte conexión entre la electricidad y el magnetismo. Y eso llevó al descubrimiento del electroimán. Un electroimán es un dispositivo que se puede encontrar en muchos objetos, desde los teléfonos hasta los motores de los lavarropas.

Un electroimán simple es una espiral de alambre, o bobina, unida a los extremos positivo y negativo de una **pila**. Los electrones fluyen por el alambre desde el extremo negativo al positivo. Este flujo de electricidad genera un pequeño campo magnético alrededor del alambre.

Para hacer más fuerte el electroimán, se pueden dar más vueltas de alambre, agregar alambres o aumentar la corriente. Si la bobina se atraviesa con un pedazo de hierro forjado, como un clavo, el electroimán tiene aún más fuerza.

Los electroimanes se pueden crear de diferentes maneras. Observa que cada uno de estos ejemplos contiene una espiral de alambre unida al polo positivo y al polo negativo de una pila.

Los electroimanes impulsan motores

En el corazón de todo motor eléctrico, hay un electroimán. Cuando pones un imán cerca de otro, las fuerzas magnéticas hacen que los imanes se repelan o se atraigan. Los motores eléctricos aprovechan esto para crear un movimiento de giro o rotación. La rotación sirve para dar energía a muchos objetos, desde autos hasta ventiladores eléctricos.

Líneas de fuerza invisibles

En la década de 1830, Michael Faraday se preguntó cuál era la relación entre la electricidad y el magnetismo. Faraday era un científico inglés. Le gustaba hacer experimentos sobre distintas ideas científicas.

El trabajo de Faraday demostró que la electricidad y el magnetismo eran distintas formas de observar una "sola fuerza unificada". Llamó a esta fuerza electromagnetismo.

Es probable que las ideas de Faraday hayan llevado a otras personas a ver que la electricidad podía ser útil para sus inventos. Sus ideas fueron cruciales para la invención del dínamo. El dínamo fue el primer **generador** eléctrico. Suministraba energía suficiente para que las máquinas funcionaran.

Michael Faraday

⬇ El dínamo se inventó en 1832.

Luz para las bicis

Hoy en día, la idea en la que se basó el dínamo de Faraday es una forma común de generar electricidad para las luces de las bicicletas. La energía que se produce al pedalear se transforma en energía eléctrica. La electricidad mantiene la luz encendida.

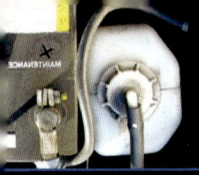

Los generadores hacen que la electricidad fluya

¿Qué es un generador y cómo funciona? Un generador eléctrico convierte la energía de otras fuentes en energía eléctrica. Esta energía es lo que hace que un foco o un televisor funcionen al encenderlos. Cuando se genera esta energía, intervienen la electricidad y el magnetismo. Para comprender mejor cómo funcionan estas fuerzas, analicemos cómo se crean una corriente eléctrica y el electromagnetismo.

Primero, la electricidad necesita un conductor que la lleve de un punto a otro. En los materiales que son buenos conductores, los electrones se mueven con facilidad. El alambre de cobre es un buen conductor. El aluminio, el oro y la plata son otros metales que a veces se usan como conductores.

La electricidad también necesita algo que la impulse a través del conductor. Los generadores suelen usarse para eso.

⬆ Los generadores como estos producen electricidad.

Sabemos que una corriente eléctrica que fluye por un alambre crea un campo magnético. Los generadores funcionan en el sentido contrario. Usan imanes para impulsar la electricidad por un alambre. Esto crea un flujo estable de electricidad.

Imagina un tubo. El tubo representa el alambre. Está lleno de pelotas de pimpón. ¿Qué pasaría si metieras una pelota más por un extremo? Todas las pelotas se moverían por el tubo y empujarían la última hacia afuera. Así es el movimiento de los electrones por el alambre hasta llegar a un artefacto eléctrico.

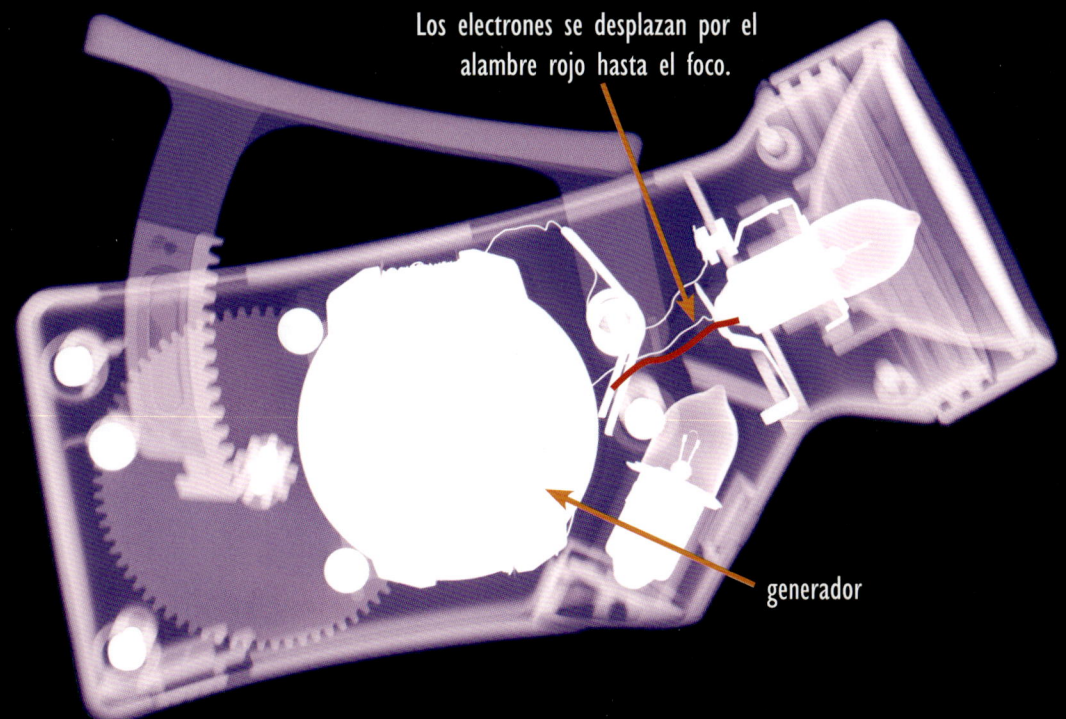

Los electrones se desplazan por el alambre rojo hasta el foco.

generador

Esto es una radiografía de una linterna de manivela. Se enciende apretando la manivela. La manivela está conectada a un generador que crea electricidad para encender el foco.

Amperios, voltios y vatios

Cuando el imán de un generador impulsa la electricidad por el alambre, suceden dos cosas. El imán empuja una cantidad específica de electrones por el alambre. Esta corriente eléctrica se mide en **amperios**. El imán también ejerce presión sobre los electrones. Esta presión se mide en **voltios**.

Piensa en cómo se aplican estas ideas en tu escuela o en tu casa. De los tomacorrientes salen voltios que van a un artefacto eléctrico. El flujo que va del tomacorriente al artefacto se mide en amperios.

Los amperios y los voltios combinados indican cuánta energía se está usando. Esto se mide en **vatios**. Para calcular los vatios, se multiplican los amperios por los voltios. Eso indica cuántos electrones se están moviendo y cuánta fuerza representan.

¡El poder de las baterías!

Annie Easley fue una científica que trabajaba con baterías. Pero no eran baterías comunes. Easley desarrolló códigos informáticos para ayudar a la NASA a crear baterías de la mayor calidad y duración posibles para alimentar vehículos utilitarios eléctricos.

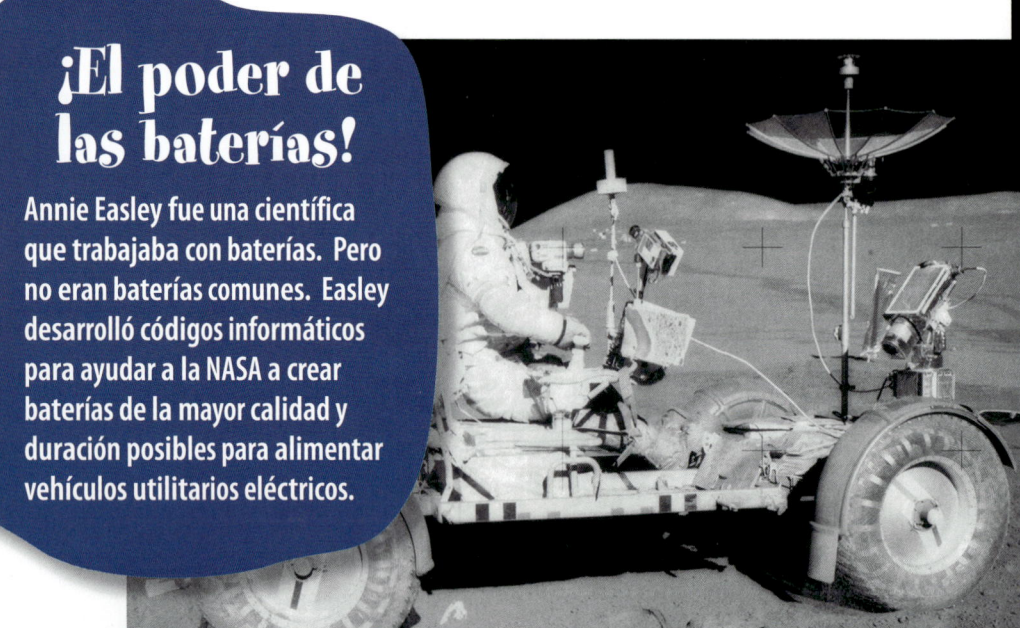

¿Lo sabías?

El voltio se llama así por Alessandro Volta. Volta inventó la primera pila eléctrica en 1799. El vatio, en inglés *watt*, se llama así por James Watt, el inventor de la máquina de vapor.

El poder de las pilas

Las pilas que se usan en una radio o en un reproductor de CD son, en realidad, pilas químicas. Los metales y los ácidos que hay dentro de las pilas reaccionan a los electrones libres que están cerca del extremo negativo de la pila. Ese es el extremo chato. Cuando metes las pilas en el reproductor, los electrones se desplazan desde el extremo negativo de la pila, pasando por el reproductor, hasta el extremo positivo. Ese es el extremo con una partecita que sobresale. El aparato usa este flujo de electricidad para reproducir la música.

Esto es una radiografía del interior de un reproductor de CD. El círculo amarillo muestra la ubicación del láser que lee el CD. Las flechas y las líneas rojas enteras indican la dirección en que se mueve la energía eléctrica desde las pilas hasta la placa de circuito y viceversa.

Corriente directa y alterna

⬆ Nikola Tesla

Después de inventar el foco de luz en 1879, Thomas Edison trabajó para llevar la electricidad a los hogares. También hizo una promesa. Quería iluminar la ciudad de Nueva York. Sin embargo, había un problema. La electricidad que llegaba a los hogares era **corriente directa** (CD), también llamada corriente continua. Es un tipo de corriente que fluye por un circuito de forma continua en la misma dirección.

La corriente directa de bajo voltaje no puede recorrer grandes distancias debido a las pérdidas de energía que se producen en los cables por los que se mueve. Eso quiere decir que la corriente directa no es una buena opción para proveer energía a los hogares.

Nikola Tesla, quien trabajaba para Thomas Edison, tuvo una idea. Él quería usar otro tipo de corriente eléctrica. La **corriente alterna** (CA) puede cambiar de dirección muchas veces por segundo. Eso le permite recorrer grandes distancias.

Los dos hombres no se ponían de acuerdo. Al final, las ideas de Tesla funcionaron mejor. Hoy en día, la electricidad que viene de las centrales eléctricas y que usamos en nuestros hogares es corriente alterna.

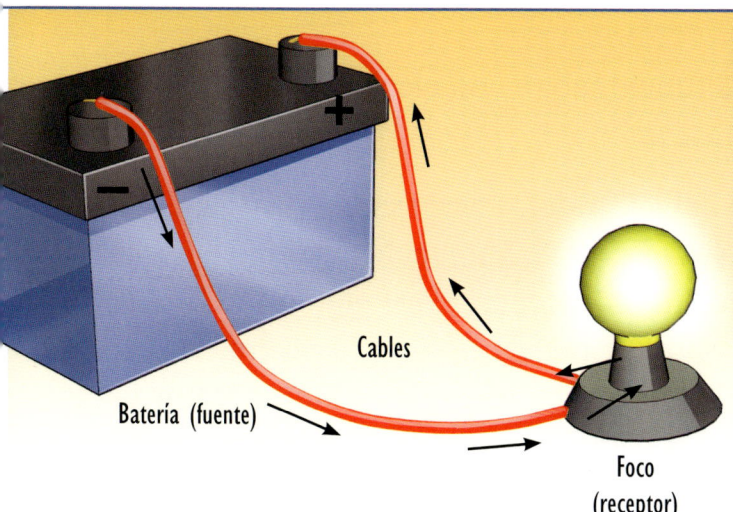

Batería (fuente) — Cables — Foco (receptor)

⬆ Este es un dibujo de un circuito simple. ¡Algunos circuitos completos son tan pequeños que cabrían en el borde de una moneda!

Circuitos: la autopista eléctrica

Los circuitos son los caminos que sigue la corriente eléctrica al desplazarse por un conductor como un alambre de cobre. Todos los circuitos tienen una fuente, un receptor y dos alambres que entran en la fuente y salen de ella. Los circuitos no deben romperse. Si hay una ruptura en el conductor, la electricidad no puede pasar y el circuito no funciona.

Energía que cambia

La energía de CA varía en algunos países. Por ejemplo, en Estados Unidos la corriente cambia 60 veces por segundo. En Europa, cambia 50 veces por segundo. Por eso, algunos dispositivos eléctricos no funcionan en otros países si no se usa un adaptador como el de abajo.

Los transformadores

La corriente alterna puede recorrer grandes distancias gracias a los **transformadores**. Son dispositivos que transmiten el voltaje. Los transformadores no funcionan con la corriente directa.

Energía para las comunicaciones

Los inventos que funcionaban con electricidad mejoraron las formas de comunicarse.

Con la invención del **telégrafo**, la electricidad tuvo un uso práctico por primera vez. En 1844, Samuel Morse creó la primera línea de telégrafo. Esta línea conectaba Washington D. C. y Baltimore, en Maryland. El telégrafo de Morse era un dispositivo muy sencillo. Llevaba una pila, un interruptor y un electroimán pequeño, y enviaba impulsos eléctricos cortos a través de un cable. Morse inventó el código que lleva su nombre para comunicarse por los cables del telégrafo.

A las personas les gustaba la posibilidad de comunicarse usando el telégrafo. Pero lo que en verdad deseaban era escuchar la voz de sus seres queridos que vivían lejos. En 1875, ese deseo se cumplió. Alexander Graham Bell inventó el teléfono. Ahora el mundo tenía un medio para comunicarse a través de grandes distancias.

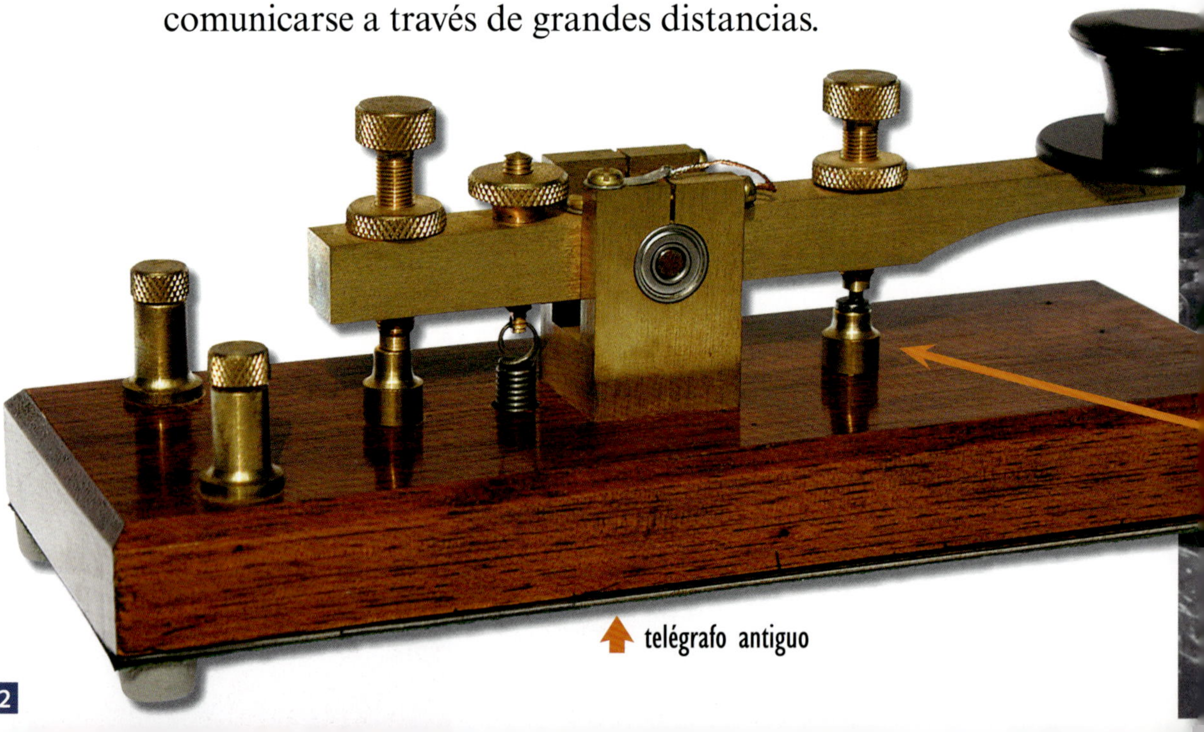

⬆ telégrafo antiguo

A .−	N −.	0 −−−−−
B −...	O −−−	1 .−−−−
C −.−.	P .−−.	2 ..−−−
D −..	Q −−.−	3 ...−−
E .	R .−.	4 ....−
F ..−.	S ...	5 .....
G −−.	T −	6 −....
H	U ..−	7 −−...
I ..	V ...−	8 −−−..
J .−−−	W .−−	9 −−−−.
K −.−	X −..−	Fullstop .−.−.−
L .−..	Y −.−−	Comma −−..−−
M −−	Z −−..	Query ..−−..

← código morse

Examínalo en detalle

El código morse es un lenguaje especial compuesto de puntos (señales eléctricas cortas) y rayas (señales eléctricas largas). Se diseñó específicamente para el telégrafo. Las diferentes combinaciones de puntos y rayas representan las letras del alfabeto.

↑ Mattie "Ma" Kiley

Las comunicaciones en el ferrocarril

Para que los viajes fueran seguros, era necesario que los ferrocarriles tuvieran un medio para comunicarse. Mattie "Ma" Kiley fue una de las primeras telegrafistas que trabajaron en el ferrocarril. Los controladores usaban el telégrafo para transmitir información. Kiley trabajó con el telégrafo de los ferrocarriles hasta que se jubiló en 1942.

23

El electromagnetismo es la fuerza que hace funcionar todos los dispositivos electrónicos, como muchas herramientas de comunicación. Las computadoras y los teléfonos celulares son dos ejemplos. Estas máquinas son cada vez más pequeñas. Los dispositivos diminutos que las alimentan se llaman **transistores** y **microchips**.

Los transistores usan energía eléctrica para encender y apagar la electricidad. Es un interruptor ingenioso. Pronto los científicos hicieron transistores más pequeños y más potentes.

También lograron colocar circuitos eléctricos completos en piezas pequeñas de silicio llamadas microchips. Esto permitió construir dispositivos potentes y pequeños, como las computadoras portátiles y los teléfonos celulares. Hoy un chip puede contener millones de transistores y circuitos.

Los científicos siguen aprendiendo a usar la electricidad y las ondas electromagnéticas en herramientas nuevas y más potentes.

⬇ Los transistores y los microchips son cada vez más pequeños. Esta es una imagen ampliada de los transistores del microchip de la izquierda.

Teléfonos descartables

En 1999, Randice-Lisa Altschul creó el primer teléfono celular descartable. Se le ocurrió la idea tras sufrir por la falta de señal. Altschul se imaginó arrojando el teléfono por la ventana. ¡Y así surgió la idea!

Energía solar

¿Te gustaría que la energía fuera contigo a todos lados sin tener que llevar pilas? Un panel solar podría ser la solución. Usar la energía del sol es una de las mejores maneras de crear electricidad. Los paneles solares están compuestos por una capa fina de un semiconductor, como el silicio, y tiras delgadas de metal. Cuando la luz del sol llega al panel, el silicio la absorbe. Los electrones se sueltan y fluyen libremente. Las tiras de metal usan la electricidad para, por ejemplo, darle energía a tu radio.

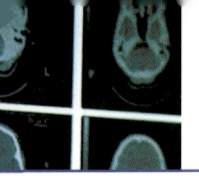

Hacia el futuro

¿Qué nos depara el futuro? La luz **láser**, por ejemplo. Es una nueva forma de energía que depende de la fuerza electromagnética. Los científicos descubrieron una manera de usar la energía que crean los átomos y sus electrones. Los rayos láser se forman al capturar y concentrar la energía de la luz.

El láser tiene muchos usos. Los médicos usan láseres para operar. El empleado de la tienda los usa para escanear la leche y los cereales en la caja registradora. Hasta usas láseres con un reproductor de CD: un pequeño láser reproduce la música almacenada en el disco compacto.

El electromagnetismo ha cambiado el mundo. Ha cambiado nuestra vida cotidiana. Desde la cometa de Franklin hasta los rayos de luz láser, aprendimos mucho sobre cómo usar la electricidad y el magnetismo para proveer energía al mundo. Piensa en el futuro. Nadie sabe qué se les ocurrirá a los científicos en los próximos años.

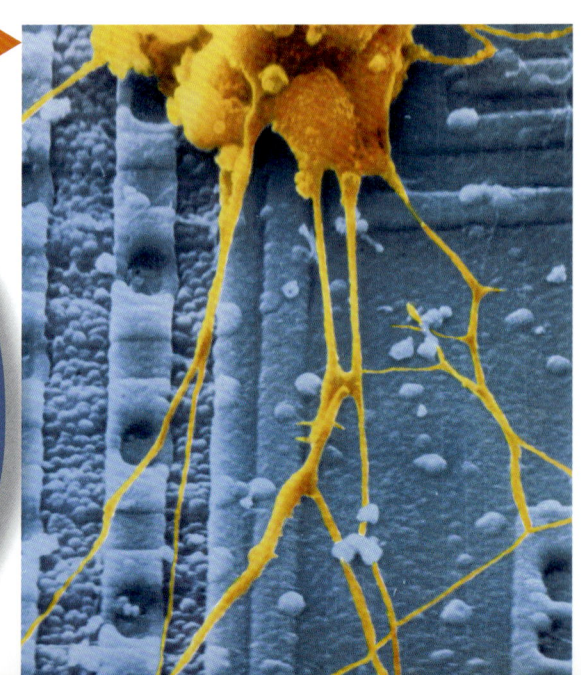

Estas son células nerviosas humanas que crecen en la superficie de un circuito, vistas con un microscopio electrónico. Estos circuitos no se ven a simple vista. Combinan componentes orgánicos (vivos) e inorgánicos.

Echa un vistazo

Quienes no podían "echar un vistazo" ahora pueden hacerlo. Y es gracias a Patricia Bath. Ella desarrolló el Laserphaco Probe. Este instrumento usa una luz láser para disolver las cataratas, una enfermedad que nubla la vista.

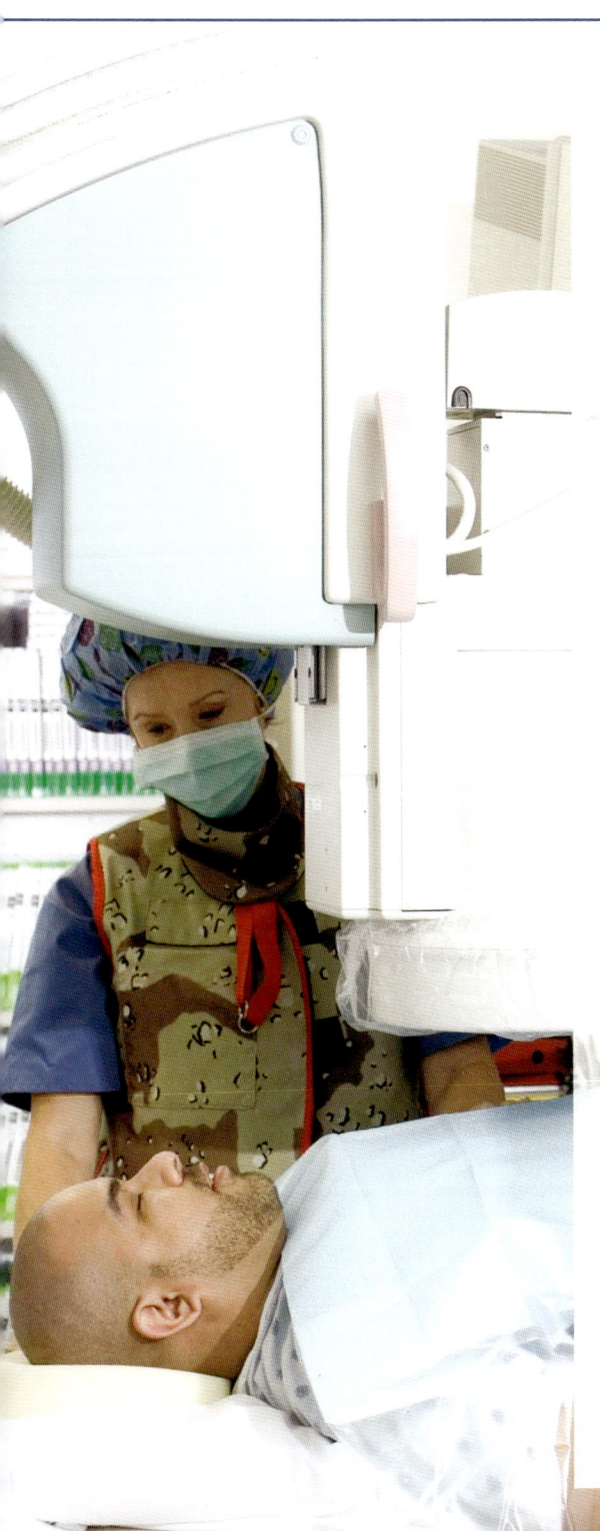

IRM

Los médicos suelen usar las imágenes de resonancia magnética (IRM) para averiguar qué le sucede a un paciente por dentro. No necesitan operarlo. Pueden mirar dentro del cuerpo con un resonador magnético. Esta máquina tiene un poderoso imán. El imán actúa sobre los átomos de hidrógeno del cuerpo. Estos permiten ver imágenes internas del cuerpo mediante pulsos de radiofrecuencia. ¡Es complicado, pero funciona!

El imán de un resonador es tan poderoso que no se puede entrar con objetos metálicos a la habitación donde se encuentra. Algunos objetos inofensivos, como los clips y las lapiceras, pueden volverse peligrosos. La fuerza magnética los atraería y saldrían volando hacia el paciente que está en la máquina. Allí es donde es más poderoso el imán. ¡Incluso algo tan grande y pesado como un tubo de metal se le escaparía de las manos a alguien cerca de un resonador magnético!

Laboratorio: crea un electroimán

Las corrientes eléctricas generan campos magnéticos a su alrededor. Si haces una espiral de alambre conductor, puedes darle más fuerza al campo magnético. Eso se llama electroimán. Cuantas más vueltas de alambre hay, más fuerte es el campo magnético. También puedes agregar un objeto de metal. Eso hará que el electroimán sea aún más fuerte.

Intenta esto.

Materiales

- un clavo de hierro de 2 pulgadas
- alambre grueso aislado
- dos pilas D
- 10 clips
- pedacitos de papel
- cinta de enmascarar

Procedimiento

1 Dale 20 vueltas al clavo con el alambre.

2 Deja unas 8 pulgadas de alambre en cada punta de la espiral que envuelve el clavo.

3 Quita 3 pulgadas del material aislante en cada punta del alambre.

4 Pega con cinta el extremo positivo de una pila D al extremo negativo de la segunda pila.

5 Pega con cinta una punta del alambre al extremo positivo de las pilas y la otra punta al extremo negativo de las pilas.

6 Haz una pila de clips y una pila de pedacitos de papel.

7 Pasa el clavo envuelto en la espiral de alambre por encima de los clips y del papel. Observa qué sucede.

8 Repite los pasos 1 a 7, pero esta vez ajusta más la espiral de alambre del paso 2. Crea un electroimán con 50 vueltas de alambre alrededor del clavo.

9 Haz otra pila de clips.

10 Pasa el clavo por encima de los clips. Observa qué sucede.

11 Anota tus resultados.

Ampliación

¿Cómo funciona mejor un electroimán: con más electricidad o con más vueltas de alambre en el clavo? Haz un experimento para averiguarlo.

Prueba reemplazar el clavo por otros materiales: un lápiz, un bolígrafo y un crayón. ¿Funcionaron bien? ¿Por qué crees que sea así?

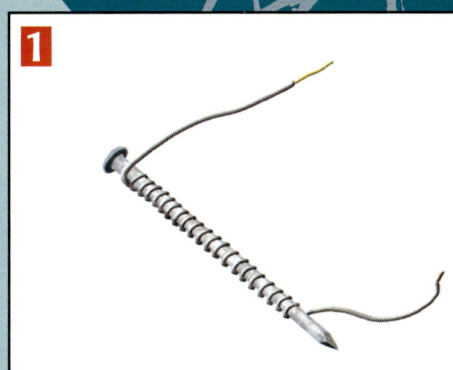

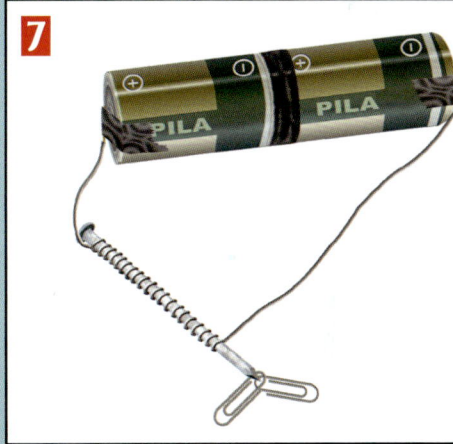

Glosario

amperios: la unidad de medida de la corriente eléctrica

átomo: la menor partícula de un elemento

brújula: un objeto que se usa para determinar la orientación (norte, sur, este u oeste)

calamita: un tipo de mineral con propiedades magnéticas naturales

campo: la región en la que actúa una fuerza

campo magnético: un área en la que actúan fuerzas magnéticas

circuito: el camino que sigue una corriente eléctrica al moverse por un conductor

conductor: un tipo de material que permite que la electricidad lo atraviese

corriente alterna (CA): una corriente eléctrica en la que los electrones se mueven en un sentido y luego en otro

corriente directa (CD): una corriente eléctrica en la que los electrones se mueven en un solo sentido

corriente eléctrica: el movimiento de electrones de un lugar a otro

electricidad: una forma de energía que tienen los protones y los electrones a causa de su carga eléctrica (positiva y negativa)

electricidad estática: una carga eléctrica que se acumula en la superficie de los objetos cuando se frotan contra algunos tipos de materiales

electroimanes: imanes creados con alambres en forma de espiral que transportan carga eléctrica

electromagnetismo: el magnetismo producido por una corriente eléctrica

electrones: partículas con carga negativa que se encuentran dentro de un átomo

generador: una máquina que convierte la energía mecánica en energía eléctrica

imanes: objetos que pueden atraer y alejar cosas de hierro y de acero

láser: un dispositivo que crea un rayo de luz muy delgado intensificando una luz concentrada y coherente

magnetismo: la propiedad de los imanes que les permite atraer el hierro

microchips: partes electrónicas muy pequeñas que contienen dispositivos y circuitos eléctricos diminutos

neutrones: partículas con carga eléctrica neutra en el núcleo de un átomo

núcleo: el centro denso de un átomo, compuesto de protones y neutrones

pila: un dispositivo que produce electricidad para alimentar radios, juguetes, etc.

protones: partículas con carga eléctrica positiva que se encuentran en el núcleo de un átomo

telégrafo: un dispositivo eléctrico que se usa para enviar mensajes a través de un alambre

transformadores: dispositivos que se usan para aumentar y reducir el voltaje a fin de que la corriente alterna pueda recorrer grandes distancias

transistores: dispositivos eléctricos pequeños que contienen semiconductores, usados en radios, televisores, etc., y que permiten aumentar o controlar una corriente eléctrica

vatios: la unidad de medida de la energía eléctrica

voltios: la unidad de medida de la fuerza de una corriente eléctrica

Índice

Altschul, Randice-Lisa, 25
amperios, 18
átomo, 6–7, 26–27
Bath, Patricia, 26
Bell, Alexander Graham, 22
brújula, 10–12
calamita, 5, 10, 12
campo magnético, 7, 10–12, 17, 28–29
circuito, 9, 12, 19–21, 24, 26
código morse, 22–23
conductor, 6, 16, 21
corriente alterna (CA), 20–21
corriente directa (CD), 20–21
corriente eléctrica, 8–9, 12, 16–18, 20–21, 28–29
Edison, Thomas, 20
electricidad, 4–9, 12–26, 28–29
electricidad estática, 8–9
electroimán, 4, 12–13, 22, 28–29
electrón, 6–9, 16–19, 25–26
energía solar, 25
Faraday, Michael, 14–15
Franklin, Benjamin, 5, 26

generador, 14–18
imán, 5, 10–13, 17–18, 27
IRM, 27
Kiley, Mattie "Ma", 23
láser, 19, 26
magnetismo, 4–7, 10–14, 16, 26
materia, 6
microchip, 24
Morse, Samuel, 22
neutrones, 6–7
núcleo, 6–7
pila, 12–13, 18–19, 21–22, 25, 28–29
protones, 6–7
telégrafo, 22–23
Tesla, Nikola, 20
transformador, 21
transistores, 24
vatios, 18–19
Volta, Alessandro, 19
voltios, 18–19
Watt, James, 19

Sally Ride Science

Sally Ride Science™ es una innovadora empresa de desarrollo de contenido que se dedica a incentivar el interés de los jóvenes en las ciencias. Nuestras publicaciones y programas brindan a estudiantes y maestros la oportunidad de explorar el maravilloso mundo de las ciencias, desde la astrobiología hasta la zoología. Trabajamos para hacer que las ciencias cobren vida y para mostrarles a los jóvenes lo creativas, colaborativas, fascinantes y divertidas que pueden ser.

Créditos de imágenes

Portada: Shutterstock pág.3 Michael Chamberlin/Shutterstock; pág.4 (superior) Photos.com; pág.4 (inferior) The Granger Collection, Nueva York; pág.5 (izquierda) Tim Bradley; pág.5 (derecha) Tim Bradley; pág.5 (inferior) Alexander Maksimov/Shutterstock; pág.6 (superior) Tim Bradley; pág.6 (inferior) Tim Bradley; pág.7 Tim Bradley; pág.8 (superior) Nir Levy/Shutterstock; págs.8–9 Bobby Deal/RealDealPhoto/Shutterstock; pág.9 The Granger Collection, Nueva York; pág.10 (superior) Michal Strzelecki/Shutterstock; pág.10 (inferior) Tim Bradley; págs.10–11 Thomas Mounsey/Shutterstock; pág.11 (superior) Neo Edmund/Shutterstock; pág.12 James Steidl/Shutterstock; pág.13 (fondo) Photos.com; pág.13 (izquierda) Cortesía de Kenyon College; pág.13 (centro) Cortesía de Kenyon College; pág.13 (derecha) Cortesía de Kenyon College; pág.14 (superior) Dreamstime.com; pág.14 (inferior) The Granger Collection, Nueva York; págs.14–15 Bettmann/Corbis; pág.15 Meelis Endla/Shutterstock; pág.16 (superior) Albert Lozano/Shutterstock; pág.16 (inferior) Anson Hung/Shutterstock; pág.17 Edward Kinsman/Photo Researchers, Inc.; pág.18 (superior) Scott Rothstein/Shutterstock; pág.18 (inferior) NASA; pág.19 Gusto/Photo Researchers, Inc.; pág.20 (superior) Kevan O'Meara/Shutterstock; pág.20 (inferior) Library of Congress; pág.21 (superior) Tim Bradley; pág.21 (inferior) Kevan O'Meara/Shutterstock; pág.21 (derecha) Bethan Collins/Shutterstock; pág.22 (superior) Scott Rothstein/Shutterstock; pág.22 (inferior) Newton Page/Shutterstock; pág.23 (inferior) Library of Congress; pág.24 (superior) Heintje Joseph T. Lee/Shutterstock; pág.24 (izquierda) Anyka/Shutterstock; pág.24 (derecha) Heintje Joseph T. Lee/Shutterstock; pág.25 Photos.com; pág.26 (superior) Photos.com; pág.26 (inferior) Synaptek / Photo Researchers, Inc.; pág.27 Photos.com; pág.28 Photos.com; pág.29 Nicoll Rager Fuller; pág.32 Getty Images